JN439813

종이비행기가 내게 날아든다면

정복선 시집

시인동네 시인선 087

정복선 시집

종이비행기가 내게 날아든다면

시인동네

시인의 말

나는 먼먼 은하계로부터의 방문객인가?
운석에서 온 물과 성분들이 내 몸에 들어 있다면.

오래전, 오방색의 별무리 한가운데에서
별똥별 하나가 지는 소품을 만났고,
인사동에서 표구를 하고 보니 그 별이 증발해버렸다.
"여기 있던 별똥별 어디 갔어요?"
모른다는 대답!?

요즘에야 액자유리 밑에서 그 흔적을 볼 수 있었다.
보일 듯 말 듯 손톱자국 같은 빗금!

머나먼 은하계로 돌아가고 있는 중이다.

2018년 정월
청우헌(淸雨軒)에서 정복선

차례

제2부

제3부

제4부

제1부

코르시카 장인의 칼

코르시카 장인의 단도 하나를 사신다구요?
그는 만들 때마다 이 세상에 단 하나뿐인 칼을 만듭니다
세상에 단 하나뿐인 칼,
그 칼을 만드는 그 순간의 해와 달과 별의 운행이
그 칼을 담금질하는 그 순간의 해류와 태풍의 향방이
한순간의 두려움과 망설임이
한순간의 거침없는 낙법(落法)과 배 띄우기가
칼의 몸을 이루고 칼의 날카로운 혀가 되기 때문이지요
칼을 만들 때마다 그는 전생(全生)을 투신하죠
천하의 명궁이 쏜 화살처럼 칼날 끝을 향해 날아들어 가죠
태초의 운무처럼 칼 속 우주를 유영하다가
오래 참고 오래 아낀 것들과 더불어
번갯불에 탁, 맞는 순간 벼림이 완성되겠지요
당신, 코르시카 장인의 칼은 꼭 하나만 사십시오
세상에 단 하나뿐인 칼,
한 개로도 넘치지 않겠어요

마술사 K

그는 우주에서 허공을 꺼냈다
허공에서 물체를 꺼냈다
물체에서 푸드덕거림을 꺼냈다
새였다
그가 전 생애를 걸어
무(無)에서 꺼낸 것이 사실은 화살이었을까
아니면 끝없는 물음표였고 비상이었고 또
창문가에 젖는 초승달빛이었을까
그 소설을 읽을 때의 나는 정오의 언덕이었다
언덕도 지나고 진고개 마른고개 한참을 넘고 보니,
K가 뭐지? 내가 그것인가? 하고 묻게 된다
얼마나, 많은 순간을 무(無)로부터 꺼내고 싶어 했던가!
얼마나, 매 순간이 물거품과 소용돌이이며
우주를 깨뜨리려는
푸드덕거림인가!

여우 사냥

검독수리 한 마리 키워왔다
몽골 카자흐 족처럼 검독수리 한 마리를 길들여왔다

젖은 살과 눈물을 먹고, 마른 지평선과 칼바람을 먹고,
눈뜨면 사냥할 거니, 저 검독수리

날개와 눈과 발톱과 부리 같은 건 다 잊었다
한 마리 여우를 좇아가는 이유도 잊었다

종소리는 어느 깊이에서 잠자는가

느닷없이 이 가을 아침에 마음속 악기 하나 있어
통주저음으로 울린다 해도

누가 있어 화답해주겠는가

대종천 어디쯤에 수장되었다는 전설을 따라
대종을 찾고자 해도 너무 늦었다
그 종을 금생에 한번만 더 울리고 싶은데,
흐르는 피에 방패가 떠내려갈 지경이었다는 김부식의 기록처럼
쏟아낸 종소리의 파편을 주워서 복원하고 싶지만

종이 다시 돌아오겠는가

이 삶에 이사하여 당신들 참 고되게 견디었다
꽃잎들 사이 말라붙어 가는 가랑잎처럼
무너진 층계참에 파도가 위문 오는 부두,

사랑 맺지 못한 어미의 가락으로
이 아침에 악기 하나 울린다 해도

세세토록 따라 울 종소리는 어느 깊이에서 잠자는가

백조자리 캠핑

다른 거미들이
풀숲에 깔때기거미줄을 치고 숨어 있거나
천장 구석, 책상걸상 다리 밑 어디에고
거미줄을 치고서 기회를 노리는 동안,
혹은
접시거미줄을 친 다음 그 위에 성긴 줄을 덧쳐서
부딪쳐 떨어지는 놈을 기다리거나
자기 팔과 다리에 친 거미줄로
뜰채처럼 먹이를 건지거나
눈처럼 뭉친 거미줄을 이리저리 던지는 동안,
또는
왕처럼, 탁 트이고 별 좋은 자리를 물려받아
3D로 설계된 커다란 그물을 치는 동안,

누군가
백조자리의 별과 별 사이에 거미줄 한 가닥을 걸쳤다

지구에서는 한 세기가 제설차처럼 지나가 버렸다

우주로부터 시가 쏟아져 내렸다

드럼을 처음 배운 때보다
드럼을 사랑하게 된 때보다
드럼을 패대기쳐 버린 때보다
멀리 달아나 너덜너덜해진 때보다
자신이 누구인지 생각나지 않은 때보다

돌아와
어느 순간

함석지붕을 두드리는 소나기처럼
불타는 사막에서 춤추는 맨발처럼
한지에 뚝 뚝 듣는 핏방울처럼

우주로부터 시가 쏟아져 내렸다

나의 첫 번째 꿈

은하(銀河)의 뜰

지난 생에서 그린 새소리가 밀봉되어 있다

전전반측,

이 꿈이 언제 깰지 모르겠고

어머니 수놓으신 베갯모 꽃밭을 건너서 가보자

2악장

평생 1악장은 되지 못했다
말 앞세우기도 하고
등 뒤에 숨기도 하고
쪽동백 그늘 아래서 휘적휘적
젊은 낙서질이나 하는 동안
치맛자락을 끌고서 초원의 새벽안개로 가는
미망(未忘), 그 달무리,
날아갈 수 있는 것들은 모두 제자리를 박차고 날아갔다
아으 병풍 속 기러기들처럼
3악장이 시작되어도 남은 건 몸살바람뿐

불발탄 화분

무엇을 향해 진화하고 있던 걸까

파충류와 포유류를 거쳐 우리가 인간이 될 수 있었다는 학설처럼
저것도 처음부터 포탄이 되려는 건 아니었을 거야

상아나 일각고래의 엄니가 되고 싶었든가 아니면
장난치다가 삐끗 추락한 우주선일 수도 있어

바나나를 길게 가르듯 몸을 반으로 나누어
평상심의 테이블이 되고 벤치가 된 그 자리에
문득 가서 앉는다 혼자서 견디는 삶 오늘도 저어가는
삶이라는 1인승 카약의 배[腹]에도 당신이 와서
씨를 뿌린 건 신기(神技)다

불을 통과한 물처럼 고통도 다하면 노래가 되는지
한 생애가 기울면 다시 날아오르고 싶은지
온몸 가득 출렁거리는

대지 꽃 풀

호치민 루트*를 헤치며 다음 세기를 위해 초승달 배가 떠 간다

---

*베트남전 때 베트콩 군수물자 및 병력 수송 라인. 라오스 일대에 2억 6천만 개의 집속탄(Cluster Munitions) 자탄이 투하된 것으로 추정되고, 그 불발탄에 의한 민간인 피해는 계속되고 있다.

북카페, 북스피리언스

젊은 절망의 책갈피에서 늙은 희망이 숨죽인다

떠남이 곧 지루한 순례인 사람과
머묾이 곧 이슬비인 사람이

찻잔에 발효시킨 새를 키우거나
붉디붉은 꽃잎의 돛을 띄우는 사이

들어오는 문은 하나,
나갈 문은 언제나 첩첩산중(疊疊山中)이다

피리 자서전

종이우산을 찢고 비가 내렸다 먼저 신발이 젖으며

어깨, 머리칼이 젖고, 뼛속 깊이 한기(寒氣)가 배었다

비가 멎자, 마디마디 텅 빈 줄기가 되어갔다

뼈피리의 악보를 당신이 읊고 있는가

남기고 싶은 서책

늪이나 강물에 마음문자를 띄운다면,

떨어지는 열매에 몸을 듬뿍 적신다면,

삼라만상에 춤추듯 낙관을 찍으며 다닌다면,

세상에서 가장 향긋한 서화첩(書畵帖)이 된다면,

무언가(無言歌)

우리말로 말고 판소리나 가요로도 말고
상형이나 설형, 갑골문자 그 어느 것,
알파벳이나 아라비아 숫자, 눈에 익숙한 그 어떤 기호로도 말고
꽃잎이나 달, 사람이나 날짐승 또 어떤 상징물도 아닌,
당신, 세상에서 한 번도 보지 못한 새로운 그림문자로 써 보세요
심중에 가득 찬 그것!
아무도 발견해내거나 발명해내지 않은 모양으로
전하는 겁니다

그물을 던지고

현관 계단에 앉아 저물도록 책을 읽는 여자
텅 빈 무량한 시간을 기다리는 집왕거미 그리고,
빗방울이 총총 맺힌 아침 허공에서 드러나는
한 생애의 집을 위한 눈부신 설계도
잠자리가 걸려 파득거릴 때엔 출렁이고
한편이 훼손된 날은 동동거리며 수리하느라 부산하다
당신도 흑단(黑檀)에 장미를 새기는가
찰나의 투망(投網),
우주에 던지는 침묵의 기다림

제2부

이태준家
—수연산방

그토록 넘고 싶었을 하늘의 경계,
소용돌이에 휩쓸려 곤두박질친 한 생애,
몇십 년 내내 견뎌야 했을 참담함과 그리움을 어찌 달랬을까
그 환장할 달밤들을!

손수 지은 집과 키 큰 나무들의 숨소리
성북동 물소리
새소리
발자국 소리

사람들은 와서 차를 마시지만
선생이 남긴 바랜 책에는 핏빛 이슬이 묻어 있다

바람만이 무서록(無序錄)*을 무연히 넘긴다

＊상허(尙虛) 이태준(李泰俊) 선생의 수필집.

청자상감모란국화문과형병

처음의 하늘 한 조각 감히 마음에 품었어요
태토를 밟고 다지고 달래고 어르면서
나는 밟히고 으깨어졌지요
비바람이 뼛속을 휩쓸고 다닌 날들을
견디고서야 나도 흙이 되었습니다
진흙에서 싹을 틔워내듯이
참외꽃잎 입술의 이 땅의 여인을
팔 벌려 안아주는 어머니의 가슴을 치맛자락을
빚고, 다시 빚어내며,
한 송이씩 벼랑의 꽃을 꺾어다 새겼어요
모란, 국화, 모란, 국화……
흰빛 붉은빛 설렘으로 상감하고
처음의 그 하늘에 적셔
장작불 가마에 굽는 동안
삼세(三世)의 티끌이 활활 타버렸습니다
적멸(寂滅)이든가요
천년 또 천년이 스러져가도
갓 피어난 꽃을 그대에게 바칩니다

모란꽃 사이

국화꽃 사이

맑고 드높은 소리에 귀를 기울여요

페사와르 시장의 찻집

그대가 차를 끓여 따라 줄 때

어디선가 독수리 한 마리 잊힌 전생처럼 솟아올라

낡은 찻잔에 그림자로 스쳐갈 때

저 야생의 수런거림을 기억하는가, 그대여

박물관으로 간 오두막집

그림도 모르고 그림을 그린
캐나다 여인 모드 루이스*
불편한 손으로 크리스마스카드에
문과 유리창, 오두막집 안팎 곳곳에
꽃과 나무, 사슴, 새, 고양이……를 그렸다
살아 숨 쉬는 천진(天眞) 세계를 그렸다
집 한 채가 통째로
노바 스코시아 박물관에 들어갔다니,
아, 둥지를 떠난 새 한 마리는
어느 대천세계를 날고 있을까

---

*Maud Lewis(1903~1970).

우포늪

저 가시연꽃, 늪에 퍼질러 누워
가시투성이의 제 몸을 통과해서 창을 던지는구나
가난한 줄도 더운 줄도 모르고
그 시절을 넘었듯이

맨몸으로 물 위에 눕는다
알 수 없는 깊이,
마름 따던 만 년 전의 아낙을
물고기를 잡던
또 만 년 전의 사내를 생각한다

그대들의 저녁은 어떠했는지
만 년 후의 사람을 위해 풀꽃요람을 짜고
풀잎지붕을 엮기도 했었는지!

왕버들 사이사이 얽힌 뿌리와 가지들의 그림자
울울창창했던 날들을 질러와서 이젠
망적지적(亡適之適)*인가

젖은 줄도 모르는 창포꽃들과 함께
삭는 줄도 모르는 나룻배들과 함께

*탄허 스님의 초서. '알맞다는 생각까지도 잊다'는 뜻.

북방긴수염고래가 시인에게
—반구대 암각화

심연을 건너와 몰리고 찔려 펄떡일 때
횃불과 북소리 춤과 노래……
모든 지난 이야기의 갈피갈피, 그리고 먼 수평선까지를
제 눈동자에서 단숨에 읽어냈든가요 당신?
풋열매들이 무참히 뒹굴고 해로(海路)마저 바뀐 날
천지가 뒤집혔고 그 몸부림, 꺾인 운명도
오랜 슬픔의 칠판에 저리 시퍼렇게 새겨졌군요
눈물 머금은 자화상처럼, 총총 시편처럼
우, 떠날게요, 그리움은 두고 가죠
해일이 몰려오거든 제 울음소리를 기억해주실래요?

여름, 참회

"열려라, 참깨!"
두드려도 암호를 까먹었으니
이 삼복을 어찌 열고 나갈 것인가

정화(淨火)의 술을 한 잔 마시려다
선풍기 맞바람에 엎질러버렸다

경전(耕田)

그녀는 청산도에서 새로운 밭을 갈기 시작했다

사람들 틈새에서 부대끼다가
남쪽 섬으로 가서 한 자락 미풍이 된 그녀는
텃밭에 방풍나물 유채꽃 라벤더를 심거나
이백 년 된 동백 꽃송이들을 줍곤 하더니 난데없이
카메라 한 대 마련하여 좀 더 큰 밭을 갈기 시작했다

흙만 파면 나오는 돌무늬에
지리해변 모래밭에
앞개바닷가 바위나 갯돌에
파도의 갈피에

화랑포로 돌아오는 어부의 조각배에, 삶이라는 그 소슬한 비애에, 해가 뜨고 지고 흐린 날에, 빛이 일어나고 눕고 숨는 그런 순간에,

사라져가는 옛길과 옛것들, 투박한 사투리까지에도

렌즈와 접사(接寫) 링을 들이대었다

그녀의 밭은 섬 그리고 바다가 되었다
그녀의 경전(經典)은 밭이다

감은사지 삼층석탑

이 탑에서는 나무에서 돌로 이행하는 과정의
망설임과 머뭇거림의 흔적이 남아 있다.
내가 사랑하는 것은 이 흔적이다.
—김훈의 『자전거 여행』 중에서

늘 새로운 말로 그대에게 얘기하고 싶었어요
이미 해버린 말이라서 바랜 빛깔
너무 오래 고아서 아무런 맛도 아닌 말이 아닌지,
한 번도 만들어지지 않은 옷을 짓고 싶었어요
이 지상에 흩어져 있는 모든 것,
하루는 햇살로, 눈물로,
또 하루는 무너진 돌들을 불러 모아
낯선 그대에게 가장 잘 어울릴 집을 지었어요

이것이,
망설임과 머뭇거림의 제 마지막 문자입니다

가야에 가야금이 있었네
—우륵

새로 태어나는 모든 생명들께 한 곡조씩,
소멸해가는 자연에게도 한 곡조씩,
환난도 풍류도, 여섯 나라 사람 이야기들을 울림통에 차곡 차곡 담아
손금과 마음금을 흘러넘치는 소리 구르는 소리
달빛 별빛 퉁기고 꺾이는 소리에
춤 덩실 추고 노래하는 가야금이 있었네
순한 양(羊)의 두 귀*에 맨 열두 줄의 현
아득한 유목의 시간으로부터 천 년을 묶어
우우, 금(琴) 뒤에 숨은 한 사람이
또다시 예까지 그 슬프고 설레고 어지럽던 시간을 뒤집어 보이네

---

*양이두(羊耳頭): 가야금 부들을 매는 부분의 양의 귀와 같이 양쪽으로 비죽 나온 부분의 이름.

박경리 문학공원

아름다운 한 사람
그 여인 안에서 사람들이 걸어 나왔네

진달래 꽃잎 자국마다 서러운 연인들이,
이 강토를 지키려는 강건한 사람들이,
빼앗긴 땅에서 풀 더미처럼 스러진 사람들의
흩어져 간 그림자와 이슬 맺힌 산야를
쏘다닌 시대의 흔적들이,
다시 돌아와 기둥이 되고 지붕이 되려는 사람들이,

그곳에 한 아름다운 사람이
호미 들고 허리 굽히고 조그만 텃밭을 가꾸었네
터질 듯한 울음을 무너져 내릴 듯한 목숨을 추슬러서
한 세대의 거름이 되어 문학의 싹, 잎이 되고
마침내 커다란 나무가 된
그늘에 섰네

한 사람의 진달래 꽃빛 사랑,

그 여여(如如)한 그늘로
이번 삶이 붉어지네

유충의 배*

비천한 벌레의 몸으로
어둠을 쓸고 다듬고 닦았네
몇 개월 몇 년을 바닥에 뒹굴며
벙어리 귀머거리 장님의 날들을 견뎠네

그 무엇에도 젖지 않고 물들지 않고
끊기지 않는 그리움의 빛 뱉어내어
마침내 배 한 척 지었네

천장 한 점에 실로 매달린 배,
우주를 저어가는 배, 배들을 보라

---

*긴자(銀座)의 POLA 갤러리에서 '다마나 아라키'의 〈유충의 배〉를 보다.

피아노의 섬, 백건우*

섬은 잠시 피아노의 적소(謫所)가 된다
열흘간 섬의 빨랫줄이란 빨랫줄이
어망 낚싯줄 통발이 모두 오선지가 되고
해초 갯방어 전갱이 오징어들이 음표가 된다
자, 유성처럼 빠르게 혹은 혜성처럼 느리게
사립문을 열어젖히고 섬사람들은
울릉도, 죽도와 관음도 삼선암 사이를 휘돌아
바다, 가장, 아내, 어머니, 라는 말은 잊은 채
밤하늘의 무궤도에 끼어든다
백조자리 거문고 독수리자리 별들이
긴 두루마리 악보를 펼쳐 들고
태초의 소리가 피아노 건반을 두들긴다

---

*2013년 백건우 섬마을 콘서트 다큐멘터리.

부채 속에 숨겨둔 바람

이제 나는 아무것도 숨겨둘 게 없네
한때는 우레 같고 회오리 같았던 말도
갯벌처럼 스르르 빠져나가고
고인 슬픔 말라붙네
노랑부리백로와 검은머리물떼새 도요새
변산 바닷가 배와 갈대밭, 불타는 저녁노을까지
뛰고 날아오르는 젊은 춤 꽹과리 소리까지
증발해버렸네

훅 끼쳐오는 이 갯내, 바람!

—자, 합죽선을 펼칩니다
다락방 깊숙이 잠들어 있던 신명과 노래가
쏟아져 나옵니다

전주한옥마을

어머니 항아리 속이네
배롱꽃이 백일을 피고 지며 뜰을 지키는 동안
갯가로도 가고 빙벽으로도 가고
한없이 섬과 섬으로 떠돌기도 하면서 수십 년이 지나갔네
저 휘영청 달, 몰래 숨겨진 달항아리
오늘 슬며시 열어 들여다보네
어떻게 목숨이 되었는가, 무엇으로 사는가,
모든 질문의 처음이 태초의 코스모스로 휘도네,
배롱꽃잎 해안에
다시 오리다, 내 속의 모든 그대들이여

한지

쉽게 만들어지는 것은 종이가 아니다, 라고 쓴다
쉽게 살아지는 것은 인생이 아니다, 라고 쓴다
쉽게 그릴 수 있는 것은 난(蘭)이었든가?
쉽게 친 듯한데, 쉽지 않은 대원군의 난이 있듯이
쉽게 만난 듯한데, 쉽게 헤어진 사람이 있듯이

백 번의 손길로 만들어진 백지(百紙)의 바다, 라고 쓴다
그 하얀 포말, 이라고 쓴다

제3부

어떤 시인의 초상

외동딸을 붓꽃보다 사랑한 아버지
아버지를 붓꽃으로 사랑한 딸

사는 동안 넉넉한 연못을 만들더니
떠나기 전에 한가득 물을 채웠다

자줏빛 꿈으로
한 오백년 깊이 잠들리

누군가 이 못을 흔들어 깨우면
방금 피는 꽃잎처럼 눈을 뜨리

왜, 그녀는 긴 얼굴에
붓꽃 모자를 쓰는지

빛나는 선물

당신은 내 머리에 초록 잎사귀를 꽂아주세요
나는 붉은 열매를 당신 재킷주머니에 꽂을게요
저 눈부신 첫눈의 아침을
우리가 나란히 손잡고 걸어가다니요
오랜 전생부터 꿈꿔온 이 삶,
얼마나 슬프고 아름다웠던지 이미 잊었지만
당신의 미소와 목소리로 모든 걸 알아챘답니다
거친 들판 찬비를 맞더라도
이제, 초록 잎 붉은 열매 총총한
한 그루 나무가 되기로 해요

한 예술가의 초상

석치(石痴), 라고 합니다
번듯한 사대부가가 아니더라도 내 그림을 원하는 곳이면
사랑채건 행랑채건 정자건 가리지 않습니다
지루한 무망함은 모란꽃잎으로
한 잔 술에 한 구절의 시, 이 그믐의 길을
보름달과 뜸부기 울음소리로 바꾸지요
때로 꽃잎 뒤에 애벌레를 숨기고
애벌레 맘속에는 꼬깃꼬깃 뵈지 않는 날개를 접어두고
오가는 사람들이 암향(暗香)에 옛사랑이라도 떠올리면
그것으로 그만입니다
세상만 한 화선지에 떠돌이의 설움을 휘두르면
그뿐, 찬비에 등 떠밀려도 손끝과 마음속 불을 어찌 끄겠습니까
오늘은 이 집에서 하룻밤 엊그제는 먼 마을에서,
멈추자 떠나는 수레바퀴처럼 또 나부끼겠지요
아무도 기억하지 못하시지요, 최, 석치,
石痴라고 말미에 씁니다, 잊어도 됩니다

예보 없이 비를 맞다

햇살에 널어놓고 외출했다 돌아오니
옷가지들이 나뭇가지와 더불어 비에 젖었다
멀쩡한 날 속에 감추어진 비(悲)를 미리 예감 못하고
가지에서 가지로 이어진 비의 끝
마른 곳만을 골라서 발을 뻗는
계단들을 지나친 채
안개, 구름 속으로 물관부를 타고 오르려 했다
출입국 지문 채취에 걸렸듯이
별아, 예보 없는 삶을 살고서 두 손은
지문 없는 가지가 되었다, 좀 쉬어 가자

꽃잎 화석

하얀 실로 짠 레이스 커튼
어머니 생전 한곳에 머물지 못한
얽힘과 맞물림의 아라베스크 문양이다
이런저런 옷이나 예쁜 덮개들,
모성의 뜨개질이 화석이 되었구나
머나먼 별자리들의 푸드덕거림,
자전하고 공전하는 두두물물의 안간힘,
동백나무들은 한껏 눈부터 붉어져
뚝 뚝, 꽃들이 지고 난 후
퇴적층에 스며든 그 사랑이다

한파주의보

벽지에 그을음이 끼었다

한 줌 이슬방울이 군불을 때준다
얼어붙은 밥솥을 녹인다
호명산에서 오는 심야전력,
멀리 산맥의 가지에 이파리에 고인 이슬이
발밑을 휘돌고 가며 새 울음이며 꽃물결, 단풍물결……

아궁이 속에서 타오르던 불꽃, 장작과 나뭇가지 솔잎 짚 콩대 참깨 들깻대
때로는 책마저 어머니의 손에 닿으면 무엇이든 불꽃이 되었다,
층층계가 되었다

매혹의 점멸시대다, 한밤중의 수목원이 저토록 환하구나

별빛 화롯불의 밤은 예고도 없이 사라지고
연탄불에 종일 몸을 데우고 꿈을 데웠던 날들과

독가스 얼룩은 어느 빈틈에 있나?
젊음의 우울과 열기도 저기 이름을 적고 갔네

가스불이 확 켜진다 이 불꽃과 공전(公轉)이 만나서 일으키는 그을음
설핏 벽화가 바스러져 간다

위태로운 순간은 어디에나 매복해 있고
되돌아갈 수 있는 곳은 어느 시간일지 알 수가 없다

부모미생전(父母未生前)

뜰에 걸린 커다란 종을 친다
가보지 않은 길에 한 걸음, 두 걸음,
더 이상 떼어놓지 못하겠다
이끼와 덤불에 덮인 폐사지에
덩그마니 매달린 듯이,
지워지지 못한 마음의 금을 따라
먼 데까지 울리는 짧은 울음
뎅 데엥, 종소리에 갈무리된 빛깔로
아, 부모미생전(父母未生前)의
머물지 않는 목소리로

복사꽃 편지

복사꽃나무를 빙 둘러 심었답니다
내년 봄 혹은 후년쯤 여기 오시면……

복사꽃 고향으로 돌아가고 싶어도 못 가는 이
고향집 우물에 목마름 적시고 싶은 이
마당 빨랫줄에 전 생애를 내다 널고
진진했던 삶을 부챗살처럼 펴볼 이
아니, 부모님께 생전에 해드리지 못한 속말을
조곤조곤 들려드릴 이
못 만나는 피붙이 형제, 아픈 새끼들을 만나
고구마든 뭐든 한 소쿠리 쪄서
호호 불며 나눠 먹고 싶은 이
아니아니, 복사꽃 그늘에 무심히 앉아 있을 이

꽃잎 흩어질 때 노래 부를 이
꽃잎 따라 오래오래 떠다닐 이

트라우마

꿈속에는 온갖 집들이 있다 살아본 적도 없고 상상 불가능한 집들이다

때론 철썩이는 파도로 둘러싸여 있기도 하고, 휑뎅그렁한 한옥, 겹겹 혹은 층층 방 안에 정리되지 못한 짐들…… 가족이나 친지, 고인, 낯선 사람들이 등장하는 꿈속, 매번 다른, 그렇게나 많은 나의 집들 속에 거주하고 있다 중첩된 삶의 두루마리에 찍힌 고대문자 같다

관사를 전전했던 유년의 집은 대체로 학교 크기만 했고 지붕은 하늘만 했다 중학교에 들어가니 갑자기 세계가 구체적인 마당이 되었다 어머닌 더 이상 아버지의 임지에 안 따라가셨고 적산가옥에서 시작된 허술한 무너진 층계의 나날들……과, 결혼 후, 서울, 내 집까지의 거리는 삐뚤거렸고 길었으나,

어딘가에는 장미원이 있었다…… 길 잃기와 길 찾기의 되풀이였다

다시 시골학교 같은 전원주택, 지붕에는 천상열차분야지도의 별자리들이 새겨지고
나와 나무들과 별들은 닮은꼴이 되어가며,

언젠가는 전생과 후생의 모든 집에서 저녁연기가 피어오를 것이다,

지구 사리

슬픔에도 표면장력이 있나 보다

품에 싸안은 마그마는 위태롭게 들끓고

바다는 태풍과 허리케인, 사이클론을 일으키고 다녀도

끝끝내 둥글다, 둥글게 궤도를 돈다

꽃씨

태풍의 눈 하나 삼켰다
자다가 깨고 또 자다 깨어나면
문득 무거운 윤회의 돌문을 밀어내고
다시 한 번 터뜨리고 싶어질까
적막한 폭죽을!

옷

어느 시간 속의 나를 은유하는,
두부모처럼 반듯이 잘라진 삶의 틈바구니를 넘나든
밀물과 썰물,
그리고 몽상이었다

단정히 세탁해서 다림질한 지진과
태풍의 흔적, 오랜 회한과 수행의 허물
본디 이슬의 꽃 넝쿨이고 향의 발원지였으나
두려움과 용기의 순환 속
몇 벌의 옷들을 골라서 버림은
붙잡을 수 없는 빛의 허방을 꾹꾹 눌러 봉인(封印)하는 일
고샅길을 잊는 일

지움이라고 하자, 그냥

물과 바람의 길

집 지은 지 십오 년이 되어가니 집의 안팎이
낱낱이 바람의 편에 선다 더 큰 인력에 빨려들어 간다
바람벽은 얼룩지고 부스러져 내리고 뒤틀리며 틈이 생기고
바람은 꿈틀대며 기어 나가고 새어 나간다
어머니는 동네 우물에서 물을 길어 와 물항아리에
가득 채워놓았었고 손수 하수도를 만들었었다
불편한 줄도 모른 그때
내 스스로의 우물을 짓고 길어 쓸 수고의 고락을
어찌 예감했으리, 나만의 상하수도를 갖기 위해서
일만 가닥의 물줄기, 그 냄새를 좇아가야 했듯이
젊음은, 문간셋방 같은 고립의 혼돈이었듯이
오직 흠 없는 우물을, 그 깊은 시간을, 고대했던 날들!
바람 든 무처럼 싱크대는
밤마다 내가 잠든 사이 정처 없는 행려를 꿈꿈인가
이제, 얼룩과 비애를 놓아주려는 참이다
내 안의 물길을 어르며

캄보디아 따프롬(Ta Prohm) 사원

돌과 조각품과의 사이가 없고
천 년 전과 천 년 후의 사이가 없고
죽은 자와 산 자와의 사이가 없다

사이에 흐르던 별들이 땅에 씨앗으로 떨어져
나무가 된 지 오래,
그 열매가 키운 새들이 수세기 동안 날아가고 있는 중

복원의 손길이 그 새들을 따라잡기나 하겠는가
무너짐이 가장 오래된 자연법이다

그늘에서 쉬는 사람들도 모두 오래된 사원

꽃몸살

그제 봄비가 내렸다

떠다니는 먼지들이 그끄제 쪽으로 가라앉았다

어제 꽃망울 끝마다 봄바람이 무작무작 맺혔다

나는 무작무작 아프다

선운사 배롱나무

해마다 긴 여름날에는 한번쯤
먼, 그곳을 생각하지요
도심에 핀 배롱꽃잎들이
문득 선운사 대웅보전 앞으로 데리고 가니까요
꽃의 고불고불한 골목길을 돌고 돌아요
붕붕붕 벌 떼들의 춤이 거기 있어요
꿀만 따면 꿀만 모으면 이룰 것 같았던 한 생애,
꿀로 쌓은 육각의 성채에 전 생애를 바쳤던 한때,
아니, 아무것도 알 수 없던 미혹의 여름
육각의 집 한 채가 초롱초롱 흔들리네요
거기, 펄럭이는 바람
젖은 연꽃등처럼 붉은 노을처럼
먼 먼 어느 곳에선가
그 붉은 집 한 채가 기다리는 듯해요

제4부

아버지의 편지

사십여 년 전 아버지 편지를 읽는다

낯익은 글씨, 화르르 쏟아지는 꽃 한 바구니

봄비가 적시는 파피루스 문자들이여

춘포 시절

봄의 나루라서 봄개, 춘포(春浦)였나 보다
봄개를 떠난 후 우리는 어디에 이르렀든가
만경강이 끝내 바다에 이르긴 이르렀든가
삶이란 절반은 이끌려 사는 것이다,
하고 싶은 것만 하고 살 수는 없는 것, 이라던
그 말씀 아직도 쟁쟁한데
하기 싫은 것과 하고 싶은 것 사이, 비루와 열망 사이의
급류에 부서진 적이 있다!
젖은 몸 틈틈이 말리는 법, 을 스스로 터득하게 된
사진 속 아버지보다 훨씬 더 뜬구름 나이에
버려둔 봄을 찾아 나선다

겨울바람 속에서도 아버지,
당신은 제게 늘 봄 나루이므로

초승달 이야기

6·25가 일어나자 아버지는 식구들을 세 곳에 나누어 지내게 하셨다 아홉 살, 열한 살 두 언니는 할아버지와 계모할머니 밑에서, 중학교에 다니는 언니와 세 살 막내인 나는 엄마와, 그리고 장성한 딸들은 아버지와 함께, 깜깜한 밤중에 한 번씩 살짝 둘째언니가 쌀과 몇 가지 생필품을 가지고 와선 동생들을 만나고 가곤 했는데 새벽, 날 밝기 전에 가버려서 늘 슬펐다고, 언제나 가족이 한데 모여 살까, 왜 아버지는 우리만 여기 둘까, 호랑이 같으신 할아버지, 아홉 살 언니에겐 아무것도 이해가 안 되고 원망스럽기만 했다 그리운 언니, 가 어느 날 밤에 또 왔다 잠든 사이에 가버리는 언니, 어슴푸레 새벽녘에 무슨 소리를 들은 듯 퍼뜩 눈을 떠보니 옆자리는 이미 비어 있고 방문이 살포시 흔들리고 난 후의 서늘함, 문득 마당에 나앉아 오줌을 누는데 희뿌연 하늘 끝에 초승달이 실낱같았다 언니, 라는 말은 입 밖에 나오지도 않고 눈물만 한없이 흘렀다 초승달을 보며 두 주먹으로 눈물만 닦았다

기일 아침

높이, 찾을 수 없는 종달새의 울음소리로

개펄의 젖은 바람이 말라붙은 시래기바람으로

서녘에서 동녘으로 동녘에서 또 서녘으로

세세토록 제 몸 궁굴리는 몽돌처럼

구들장에 몸을 굽는 이승의 눈 쌓이는 꿈속

다신 돌아오지 않으시는,

자목련

다섯째 언니는 보랏빛
답답하고 애잔해도 보랏빛
잔가지들을 휘묻이 해놓고
몇 가지든 나누어주는 언니는 보랏빛 꽃잎
태평양으로 이리 호*로 바람에 불려가서
머나먼 낯선 곳에 가서
언니는 엉겅퀴 같은 보랏빛
묘목이 자라나 내 뜰을 밝히는
저 자목련 두 그루 최초의 눈물인 듯
언니를 닮아서 첩첩 보랏빛
언니를 닮아서 유쾌한 보랏빛 언니를 닮아서 따스하고
모나고 둥글고 단단하고 허허롭고 야무지고 보드라운
보랏빛 속살,
언니는 언제나 보랏빛!

---

*미국 오대호 중의 하나.

도라지꽃

네 살 때 엄마 등에 업혀 남으로 내려온 이래
그는 고향 냄새도 잊은 채 살아왔다
거제도로 인천으로 잠시 떠돌다가 서울에서 성장했으므로
그냥 서울사람이겠다, 그래도 한평생이 떠돌이였다!
강원도 금화군 원북면 추의리,
DMZ로 찢겨 인터넷 지도에도 안 나오는데
삶이 너무 허방인 날은 아무도 몰래 혼자 금화로 가서
고향 냄새에 등 기대고 막걸리 맛 노래라도 부르고 싶지만
술도 노래도 술술 안 넘어가고 걸려버리는 곳,
본적을 잃은 혈육들은 설화가 되어
차례도 없이 흙의 본적지를 찾아 떠나갔고
금화라는 지명도 철원군 김화읍에 묻어 있다

떠돌이 한평생이 저 푸른 도라지꽃이다

고인돌 앞에서

문득, 절하고 싶은 시대가 있었다지
닿을 수 없는 별을 가만가만 연줄 당기듯
당겨오고 싶었나 봐
그런 그리움은 저기 철썩이는 해안선 산책로에
돌멩이들처럼 아직 떨구어져 있을 거야
한 죽음이 다른 별과의 해후가 된 그 시간
하루가 치자꽃빛으로 물들고
별들이 문을 열고 내다보는 창가에도
치렁치렁 꽃향기가 늘어뜨려져 있었을 거야
그런 시대는 빙산으로 얼어붙고
아무도 더는 선돌로 일어서지 않는 날들만 남았지
어느 세상으로 가는 문인지도 모르는 우리를 위해
절 한번 하고 돌아서야지

불꽃 삼매

눈밭에 뒹굴다 와서
불을 붙이기는 어렵지,
젖은 몸을 우선 말려야지, 영하 십도의
꽁꽁 언 통나무에 불붙이려 해도
연기만 내어서 눈물 나지?
생목(生木)이라, 진즉 통나무에 도끼질도 하고
좋은 햇살에 널고 바람을 끌어들여 몸속에 저장하고
더러는 양귀비 옥잠화 꽃빛이랑, 더러는
길고 짧은 이야기랑
가파른 길들도 나이테처럼 쟁였어야지,
한겨울에 갇혀 먹을 양식도 떨어져 갈 때쯤
고구마 감자 구워 먹듯이
내 몸 나무의 몸 가리지 않고 쟁여둔
빛과 향, 긴 봄날과 짧은 겨울밤을 불러내어
도란도란 풀어낼 맛이 있어야지
마지막, 타오르는 불꽃으로 한번 펄럭여야지

종이비행기가 내게 날아든다면

모차르트가 어떤 오페라를 대본작가와 함께 작업할 때 둘 사이가 나빠서 골목을 사이에 두고 집을 얻었단다 작가가 하루치 글을 쓰면 종이비행기로 접어 건너편 모차르트의 방 창문으로 날려 보냈다 한다

종이비행기에는 작가의 엉뚱한 장난기가 묻어 있었을지?
모차르트는 악보에 냉소를 한 방울 떨어뜨려
민감한 귀를 가진 딜레탕트들을 어리둥절케 했을지?

지금, 종이비행기가 건너편 창문에서 내게로 날아드는 상상만으로도
즐겁다
비문(秘文) 적힌 날개가 창(窓)에서 창(窓)으로 날아든다면!

운주사

삶이
달의 뒤편 같을 때
진창 같을 때
유리빌딩 같고 엉겅퀴 같을 때
문득 그곳을 찾네
등에 젖은 연못 하나 끌고서 가네
어떤 그림자들이 어룽댈지 궁금하네

소문
—산불

순간순간 새롭게 날아오르는 불길을 잡지 못했다
무엇이 진실인지 눈치챌 겨를이 없었다
너무 많은 진실들에 가려져 단 하나의 허상이 소멸되고 있었다
억수로 쏟아지는 비수(匕首)들,
마침내 산을 뭉개고 불씨는 은닉되었다

수선화, 날다

깊은 수렁 속 잠덧일까 아니
이슬에 목 축이려는 시린 봄의 헛꿈인가
지도에 그려진 적 없는 목소리를 따라
백 년에 단 두 번 태양을 질러가는 금성의 행려(行旅)처럼
더는 머뭇거릴 수 없는 순간이다

나는야

날릴게요, 눈발 속에
흩날리는 꽃잎에게
낙오한 물떼새 울음소리에
잘린 나무둥치 그리고
뒹구는 돌멩이와 비닐봉지 위에
버려진 의자와 책, 항아리 위에
위태로이 길을 건너가는 길짐승에게도
종이비행기를 날릴게요
저, 추락하는 것들에게 날개를 달아주려는
나는야 종이비행기

초원, 이야기

몽골 초원에서는 차나 말이 길도 없이 이정표도 없이 잘도 달린다

말[言]의 의지이건 말[馬]의 의지이건 달려서 간다

그곳에는 길이 없으므로 이야기를 따라서 가야 한다

매번 새롭게 길을 만들어간다

대위법

그대가 활을 들어 날아가는 새를 겨냥하면
나는 그 궤적을 좇아간다
그대가 소용돌이를 일으키면
나도 모래산을 퍼붓는다
그대가 도포자락 펼쳐 대양을 건너가면
나는 유성우로 옷자락을 적신다

여분의 단추

주전으로 기용되지 못하고
평생 벤치에서 기웃대던 선수의 감춰진 울먹임이다

가끔은 술래잡기를 하고 싶었으리라
갈피에 꼭꼭 숨은 마음을 찾아내주길 바랐으리라
안과 밖, 낮과 밤, 기다림과 만남이
넘나드는 순간을 꿈꾸었으리라
운과 불운의 패를 뒤집을 기회, 단 한 번의
대타를 노렸던 시간,
이제 끝났구나, 히든카드를 버린다

헌 옷이 버려질 때
단 한 번의 쓰임새 없이 함께 낡아버린 단추가 있다

해설

시간의 두께, 처음의 언어

—정복선 시집 『종이비행기가 내게 날아든다면』 읽기

오민석(문학평론가·단국대 교수)

I.

정복선의 시에 계속 출몰하는 주제가 있다면 그것은 '시간'이다. 이런 의미에서 이 시집은 시간의 묵시록이고 명상록이다. 그의 시간은 먼 전생 혹은 그 이전까지 잇닿아 있으며 그의 시선은 먼 출발지에서 현재에 이르는 시간의 철로에서 떠나지 않는다.

> 은하(銀河)의 뜰
>
> 지난 생에서 그린 새소리가 밀봉되어 있다
>
> 전전반측,

이 꿈이 언제 깰지 모르겠고

어머니 수놓으신 베갯모 꽃밭을 건너서 가보자

—「나의 첫 번째 꿈」 전문

그의 시간은 구심(求心)이 아니라 원심(遠心)을 향해 있다. 그의 시간은 먼 외곽으로 확산되고 폭발하는 시간이다. 그의 시간은 '지금 여기'가 아니라 "은하(銀河)의 뜰"로 확장되어 있다. 확장된 시간에 대한 그의 탐구는 무의식적("이 꿈")이다. 그는 의식/무의식을 넘나들며("전전반측") 시간을 탐측한다. 그는 광대한 시간의 바다에 그물을 던진다. 그것은 마치 현상학적 에포케(epoche)처럼 찰나의 접점을 노리는 행위이다. 그는 판단과 가치의 장식을 버린 주체가 되어 시간과 대면한다.

당신도 흑단(黑檀)에 장미를 새기는가
찰나의 투망(投網)
우주에 던지는 침묵의 기다림

—「그물을 던지고」 부분

우리는 여기에서 그의 '시간'이 만나는 '공간'의 속성을 발견하게 된다. 그의 시간이 물질성을 획득하는 공간은 "우주"이다. 폭발된 시간처럼 그의 공간도 원심으로 확장되어 있다. 바흐친(M. Bakhtin)은 "문학 안에서 예술적으로 표현된 시간과 공간의 내재적 연결성(intrinsic connectedness)"을 "크로노토프(chronotope)"라 불렀다. 크로노토프란 시간을 나타내는 희랍어 'chronos'와 공간을 의미하는 'topos'의 결합어로 '시공간(time-space)'을 의미한다. 원래 수학과 아인슈타인의 상대성 이론에서 사용되던 이 용어를 바흐친은 문학으로 전화시키는데, 그에 의하면 "문학예술적인 크로노토프 안에서 공간적, 시간적 지표들은 주의 깊게 사유된 하나의 구체적 전체(concrete whole)로 융합된다. 말하자면 시간은 두꺼워지고 살을 입음으로써 예술적으로 가시적인 것이 되고, 공간은 충전되며, 시간, 플롯, 역사의 운동에 대하여 반응하게 된다. 이 축들의 교차와 지표들의 융합이 예술적 크로노토프를 특징짓는다."(바흐친 『대화적 상상력 The Dialogic Imagination』). 문학작품에는 다양한 종류의 크로노토프들이 사용되며, 그에 상응하여 다양한 문학의 장르가 생산된다. 특정한 크로노토프의 선택은 다른 크로노토프의 배제를 의미하므로 크로노토프는 그 자체 세계관의 표현이다. 그리하여 크로노토프는 예술의 형식만이 아니라 인식과도 연결된다.

정복선의 크로노토프는 원심성(遠心性)으로 특징 지워진다. 그의 시간은 전세(前世)에서 현세(現世)로, 현세에서 내세(來世)로 확산되며, 그의 공간은 작은 사물에서 우주로 움직인다. 그의 시는 이와 같은 원심적 크로노토프의 기록이다.

그에게 있어서 현재는 늘 이어지는 시간의 원심선(遠心線) 위에 존재한다.

다른 거미들이
풀숲에 깔때기거미줄을 치고 숨어 있거나
천장 구석, 책상걸상 다리 밑 어디에고
거미줄을 치고서 기회를 노리는 동안,
혹은
접시거미줄을 친 다음 그 위에 성긴 줄을 덧쳐서
부딪쳐 떨어지는 놈을 기다리거나
자기 팔과 다리에 친 거미줄로
뜰채처럼 먹이를 건지거나
눈처럼 뭉친 거미줄을 이리저리 던지는 동안,
또는
왕처럼, 탁 트이고 별 좋은 자리를 물려받아
3D로 설계된 커다란 그물을 치는 동안,

누군가
백조자리의 별과 별 사이에 거미줄 한 가닥을 걸쳤다

지구에서는 한 세기가 제설차처럼 지나가 버렸다

—「백조자리 캠핑」 전문

이 시에서 보다시피 미시적(微視的) 공간("천장 구석, 책상걸상 다리 밑")은 우주적 공간("백조자리의 별과 별 사이")으로 전이되며, 짧은 시간("거미줄을 치고서 기회를 노리는 동안")은 큰 시간의 단위("한 세기")로 넘어간다("제설차처럼 지나가 버렸다"). 그러므로 "우주로부터 시가 쏟아져 내렸다"는 그의 고백은 거짓이 아니다.

드럼을 처음 배운 때보다
드럼을 사랑하게 된 때보다
드럼을 패대기쳐 버린 때보다
멀리 달아나 너덜너덜해진 때보다
자신이 누구인지 생각나지 않은 때보다

돌아와
어느 순간

함석지붕을 두드리는 소나기처럼
불타는 사막에서 춤추는 맨발처럼
한지에 뚝 뚝 듣는 핏방울처럼

우주로부터 시가 쏟아져 내렸다

—「우주로부터 시가 쏟아져 내렸다」 전문

그의 시는 먼 시간과 공간, 원심적 크로노토프의 기록이다. 그러나 역설적이게도 그의 시간은 현세의 코드(code)를 거치면서 살을 입고 두꺼워진다. 우주로부터 쏟아지는 시는 모두 '지금, 여기'의 옷을 입고 있다. 그것은 "함석지붕을 두드리는 소나기처럼/불타는 사막에서 춤추는 맨발처럼/한지에 뚝 뚝 듣는 핏방울처럼" 생생한 현재의 외피를 입고 있다. 말하자면 그는 '먼 곳'에서 '이곳'(공간)을 보는 자이고, '먼 시간'에서 '현재'(시간)를 바라보는 자이다.

Ⅱ.

정복선에게 있어서 사물들은 완결된 것이 아니라 무엇 '되기(becoming)'의 과정에 있다. 그것은 계속해서 변화하는 크로노토프의 도상(途上)에 있다. 정복선의 시적 주체는 크로노토프의 길 위에서 미끄러지는 사물의 변화를 추적한다. 그것은 먼 과거에 대한 호기심과 현재의 의미에 대한 질문, 그리고 다가올 미래에 대한 탐측을 보여준다.

무엇을 향해 진화하고 있던 걸까

파충류와 포유류를 거쳐 우리가 인간이 될 수 있었다는
학설처럼

저것도 처음부터 포탄이 되려는 건 아니었을 거야

상아나 일각고래의 엄니가 되고 싶었든가 아니면
장난치다가 삐끗 추락한 우주선일 수도 있어

바나나를 길게 가르듯 몸을 반으로 나누어
평상심의 테이블이 되고 벤치가 된 그 자리에
문득 가서 앉는다 혼자서 견디는 삶 오늘도 저어가는
삶이라는 1인승 카약의 배[腹]에도 당신이 와서
씨를 뿌린 건 신기(神技)다

불을 통과한 물처럼 고통도 다하면 노래가 되는지
한 생애가 기울면 다시 날아오르고 싶은지
온몸 가득 출렁거리는
대지 꽃 풀

호치민 루트를 헤치며 다음 세기를 위해 초승달 배가
떠간다

—「불발탄 화분」 전문

그에게 있어서 사물들은 "무엇을 향해 진화"하고 있으며 무엇을 "거쳐" 무엇이 "될 수 있"는 것들이다. 그의 사물들은 무엇을 "통과"하고 다시 무엇이 "되는" 도정에 있다. 그의 시선은 이 진화의 계단을 따라가며 그것을 기록한다. 그리하여 "불발탄 화분"은 마침내 "호치민 루트"를 호명해내기에 이르는데, 이는 사물에서 사회로, 개체에서 역사로 확산되는 그의 크로노토프를 잘 보여준다. 사회도, 역사도 "다음 세기를 위해" "떠간다"고 보는 그의 시선은 세계를 끝없는 변화의 도정으로 이해하는 그의 세계관을 잘 보여준다. 그렇다면 세계를 무엇 '되기'로 몰아가는 힘은 무엇인가.

그대가 차를 끓여 따라 줄 때

어디선가 독수리 한 마리 잊힌 전생처럼 솟아올라

낡은 찻잔에 그림자로 스쳐갈 때

저 야생의 수런거림을 기억하는가, 그대여

—「페사와르 시장의 찻집」 전문

모든 사물에는 역사가 새겨져 있고("낡은 찻잔") 그것을 몰아가는 어떤 힘의 그림자가 그려져 있다. 먼 과거("전생")부터 모든 사물을 지배해온 것은 "독수리"로 상징되는 "야생"의 힘이다. 야생은 모든 문명과 비(非)문명을 뛰어넘는 힘이며 역사의 추동력이다. 베르그송(H. Bergson)에 의하면 "운동이야말로 실재 자체이다(movement is reality itself)."(『창조적 정신 The

Creative Mind』). 그에 의하면 실재의 본질은 "지속(duration)"이며 "변화(change)"이다. "자신을 되기(becoming) 안에 심는 사람은 지속 안에서 사물들의 바로 그 생명성, 근본적인 본질을 보는 자이다."(『창조적 진화 Creative Evolution』). 정복선이 볼 때 사물을 지속시키고 무엇 '되기'의 도상으로 몰아가는 힘은 "야생"의 "독수리"로 상징되는 생명성이다. 베르그송처럼 정복선은 생명의 지속성과 변화에 주목한다. 모든 생명은 멈춤이 아니라 지속적인 변화의 길 위에 있다. 그에게 있어서 "독수리"는 마치 킬리만자로의 표범(E. 헤밍웨이)처럼 범접할 수 없는 생명의 숭고한 에너지를 상징한다.

새로 태어나는 모든 생명들께 한 곡조씩,
소멸해가는 자연에게도 한 곡조씩,
환난도 풍류도, 여섯 나라 사람 이야기들을 울림통에 차곡차곡 담아
손금과 마음금을 흘러넘치는 소리 구르는 소리
달빛 별빛 퉁기고 꺾이는 소리에
춤 덩실 추고 노래하는 가야금이 있었네
순한 양(羊)의 두 귀에 맨 열두 줄의 현
아득한 유목의 시간으로부터 천 년을 묶어
우우, 금(琴) 뒤에 숨은 한 사람이
또다시 예까지 그 슬프고 설레고 어지럽던 시간을 뒤집어 보이네

—「가야에 가야금이 있었네—우륵」 전문

이 시는 정복선에게 있어서 예술(시)의 기능이 무엇인지를 잘 보여준다. 예술은 "태어나는 모든 생명들"과 "소멸해가는 자연", 즉 지속적인 '되기'의 과정에 있는 사물들에게 붙여주는 "곡조"이다. 그것은 "손금과 마음금을 흘러넘치는 소리"이며 "아득한 유목의 시간으로부터 천 년을 묶어" "그 슬프고 설레고 어지럽던 시간을 뒤집어 보이"는 노래이다. 그의 시는 시간의 너울을 따라가는 여행이며, 시간을 따라 두꺼워지는 삶의 기록이다. 그것은 크로노토프에 울려 퍼지는 피리 소리이며, "중첩된 삶의 두루마리에 찍힌 고대문자"이다. 그의 시는 먼 고원에서 현재에 이르는 유랑의 노래이며, 그 위에서의 "길 잃기와 길 찾기"의 기록이다(「트라우마」).

종이우산을 찢고 비가 내렸다 먼저 신발이 젖으며

어깨, 머리칼이 젖고, 뼛속 깊이 한기(寒氣)가 배었다

비가 멎자, 마디마디 텅 빈 줄기가 되어갔다

뼈피리의 악보를 당신이 읊고 있는가

—「피리 자서전」 전문

세상의 빗물이 존재에 스며들 때, 세상의 "한기(寒氣)"가 존재에 배일 때, 존재는 점점 비어간다. 겉으로 보기에 그것은 소멸의 길을 가는 것 같지만 그렇지 않다. "텅 빈 줄기"는 다시 "뼈피리"로 전화되고, 시인은 그것을 시의 "악보"에 기입한다. 생명은 이렇게 영원한 '지속'과 '변화'의 도상에 있다.

III.

정복선의 시공 여행은 당연히 그의 가족사를 지나간다. 가족은 가장 가까운 곳에서 시인의 크로노토프를 형성하는 존재들이다. 가족은 가장 내밀한 방식으로 시간을 살찌우고 공간을 충전시킨다. 가족은 크로노토프의 밑그림이며 시간의 저쪽과 이쪽을 잇는다. 가족은 주체가 사회적, 역사적 크로노토프로 나가기 전 반드시 경유하는 작은 사회, 작은 역사의 공간이다. 특히 유년의 가족은 주체와 완전히 일치하는, 타자 아닌 타자들의 집합이다. 성장기로 넘어가면서 주체는 가족과 분리된다. 주체는 더 큰 크로노토프로 이동하고, 이때 가족은 기억 혹은 트라우마의 형태로만 존재하게 된다. 이런 과정을 거치면서 가족은 주체의 내면에 다양한 그림을 남긴다. 그것은 오래된 찻잔처럼 기억의 잔영들을 가지고 있다. 정복선 시인에게 가족의 크로노토프는 다행히도 화사하다.

사십여 년 전 아버지 편지를 읽는다

낯익은 글씨, 화르르 쏟아지는 꽃 한 바구니

봄비가 적시는 파피루스 문자들이여

—「아버지의 편지」 전문

그에게 있어서 아버지의 언어는 "화르르 쏟아지는 꽃"이다. "봄비"는 죽은 아버지의 언어("파피루스 문자들")를 다시 살려낸다. 아버지의 언어는 생명의 언어이며 희망의 언어이다. 이 시집 어디에서도 시인의 아버지는 율법(Father's law)을 강요하는 '권력자'로 나타나지 않는다. 그는 화자가 "구들장에 몸을 굽는 이승의 눈 쌓이는 꿈속"(「기일 아침」)에서 만나기를 고대하는 그리운 존재이다.

봄의 나루라서 봄개, 춘포(春浦)였나 보다
봄개를 떠난 후 우리는 어디에 이르렀든가
만경강이 끝내 바다에 이르긴 이르렀든가
삶이란 절반을 이끌려 사는 것이다,
하고 싶은 것만 하고 살 수는 없는 것, 이라던
그 말씀 아직도 쟁쟁한데
하기 싫은 것과 하고 싶은 것 사이, 비루와 열망 사이의
급류에 부서진 적이 있다!

젖은 몸 틈틈이 말리는 법, 을 스스로 터득하게 된
사진 속 아버지보다 훨씬 더 뜬구름 나이에
버려둔 봄을 찾아 나선다

겨울바람 속에서도 아버지,
당신은 제게 늘 봄 나루이므로

—「춘포 시절」 전문

여기에서 "춘포"는 지명이면서 동시에 아버지이다. "춘포", 즉 아버지를 떠난 개체는 "비루와 열망 사이"에서 "급류"를 만나 부서지기도 하며 "바다"로 흘러간다. 아버지의 "말씀"이 사라진 "겨울바람 속"에서도 아버지는 늘 "봄 나루"이다. 그것은 주체에게 늘 '찾기'의 대상이며, 희망을 던져주는 목소리이다.

6·25가 일어나자 아버지는 식구들을 세 곳에 나누어 지내게 하셨다 아홉 살, 열한 살 두 언니는 할아버지와 계모할머니 밑에서, 중학교에 다니는 언니와 세 살 막내인 나는 엄마와, 그리고 장성한 딸들은 아버지와 함께, 깜깜한 밤중에 한 번씩 살짝 둘째언니가 쌀과 몇 가지 생필품을 가지고 와선 동생들을 만나고 가곤 했는데 새벽, 날 밝기 전에 가버려서 늘 슬펐다고, 언제나 가족이 한데 모여 살까, 왜 아버지는 우리만 여기 둘까, 호랑이 같으신 할아

> 버지, 아홉 살 언니에겐 아무것도 이해가 안 되고 원망스럽기만 했다 그리운 언니, 가 어느 날 밤에 또 왔다 잠든 사이에 가버리는 언니, 어슴푸레 새벽녘에 무슨 소리를 들은 듯 퍼뜩 눈을 떠보니 옆자리는 이미 비어 있고 방문이 살포시 흔들리고 난 후의 서늘함, 문득 마당에 나앉아 오줌을 누는데 희뿌연 하늘 끝에 초승달이 실낱같았다 언니, 라는 말은 입 밖에 나오지도 않고 눈물만 한없이 흘렀다 초승달을 보며 두 주먹으로 눈물만 닦았다
>
> —「초승달 이야기」 전문

그 아버지를 중심으로 시인의 가족은 '한국전쟁'의 비극을 함께 관통한다. 한국전쟁은 개체와 가족이 역사와 마주치는 크로노토프이다. 역사는 '큰 크로노토프(major chronotope)'로 '작은 크로노토프(minor chronotope)'를 지배한다. 그 어떤 작은 크로노토프도 큰 크로노토프로부터 자유롭지 않다. 한국전쟁은 두 개의 크로노토프가 겹쳐지는 곳이다. 이 시에서 "초승달"은 시간의 상징이다. "실낱"같은 초승달은 두 개의 크로노토프가 맞부딪히며 더 큰 달로 자란다. 큰 크로노토프로부터 작은 크로노토프를 구해내는 것은 결국 '시간'이다. 위 시의 화자가 "초승달을 보며" 눈물을 닦는 이유가 바로 이것이다. 크로노토프는 그곳에 내주(內住)하는 사람들의 눈물과 한숨으로 큰다. 초승달은 영어로 '새로운 달(new moon)'이다. 새로운 달에 눈물의 서사가 기록되면서 달은 더 큰 시

간의 단위로 살찐다. 정복선의 크로노토프는 한국전쟁을 지나면서 두꺼운 충전을 경험한다. 그 안에서 가족들이 꽃으로 핀다.

다섯째 언니는 보랏빛
답답하고 애잔해도 보랏빛
잔가지들을 휘묻이 해놓고
몇 가지든 나누어주는 언니는 보랏빛 꽃잎
태평양으로 이리 호로 바람에 불려가서
머나먼 낯선 곳에 가서
언니는 엉겅퀴 같은 보랏빛
묘목이 자라나 내 뜰을 밝히는
저 자목련 두 그루 최초의 눈물인 듯
언니를 닮아서 첩첩 보랏빛
언니를 닮아서 유쾌한 보랏빛 언니를 닮아서 따스하고
모나고 둥글고 단단하고 허허롭고 야무지고 보드라운
보랏빛 속살,
언니는 언제나 보랏빛!

—「자목련」 전문

네 살 때 엄마 등에 업혀 남으로 내려온 이래
그는 고향 냄새도 잊은 채 살아왔다
거제도로 인천으로 잠시 떠돌다가 서울에서 성장했으

므로
그냥 서울사람이겠다, 그래도 한평생이 떠돌이였다!
강원도 금화군 원북면 추의리,
DMZ로 찢겨 인터넷 지도에도 안 나오는데
삶이 너무 허방인 날은 아무도 몰래 혼자 금화로 가서
고향 냄새에 등 기대고 막걸리 맛 노래라도 부르고 싶
지만
술도 노래도 술술 안 넘어가고 걸려버리는 곳,
본적을 잃은 혈육들은 설화가 되어
차례도 없이 흙의 본적지를 찾아 떠나갔고
금화라는 지명도 철원군 김화읍에 묻어 있다

떠돌이 한평생이 저 푸른 도라지꽃이다

—「도라지꽃」 전문

한국전쟁은 사실 정복선 시인만이 아니라 모든 한국인들의 삶을 규정하는 크로노토프이다. 그것은 수많은 개인들의 불행을 낳았으며 지금까지도 '분단체제'라는 시스템으로 굳어지면서 다수 한국인들의 삶을 규정하고 있다. 그것은 수많은 사람들의 삶을 디아스포라의 삶으로 만들었으며 상처의 크로노토프로 만들었다. 위 시는 그것을 관통해온 두 사람을 '꽃'으로 묘사하고 있다. 하나는 "자목련"이고 다른 하나는 "도라지꽃"이다. 전쟁의 크로노토프 안에서 무력하기 짝이 없는 개체들을 '꽃'으로 만드는 것은 무엇인가. 그것은 바로 사랑이다. "잔가지들을 휘묻이 해놓고/몇 가지든 나누어주는 언니"는 폭력의 크로노토프를 이기는 개체의 위대한 힘을 보여준다.

하얀 실로 짠 레이스 커튼
어머니 생전 한곳에 머물지 못한
얽힘과 맞물림의 아라베스크 문양이다
이런저런 옷이나 예쁜 덮개들
모성의 뜨개질이 화석이 되었구나
머나먼 별자리들의 푸드덕거림,
자전하고 공전하는 두두물물의 안간힘,
동백나무들은 한껏 눈부터 붉어져
뚝 뚝, 꽃들이 지고 난 후
퇴적층에 스며든 그 사랑이다

—「꽃잎 화석」 전문

"화석", "퇴적층"은 경화(硬化)된 크로노토프, 정지(停止) 즉 죽음의 크로노토프이다. 그것을 "꽃잎"의 살아있는 크로노토프로 만드는 것은 바로 "사랑"이다. 화자는 "레이스 커튼"으로 굳어진 화석의 크로노토프에서 "별자리들"을 불러내 "푸드덕"거리게 한다. 정복선의 시에서 가족의 서사를 담고 있는 시들은 한결같이 따뜻하다. 사랑은 사물을 정지에서 지속(운동)으로, 변화로 몰고 가는 생명의 힘이다.

IV.

정복선의 시는 광대한 시간과 공간을 흐르는 은하수 같다. 그것은 멈춤이 아닌 지속과 운동의 과정으로 사물을 이해하며, 그 시선은 무엇 '되기'의 과정에 있는 사물들을 좇는다. 그것은 화석화되는 시간과 공간을 일깨우며 '움직임(운동)'이야말로 모든 생명의 속성임을 일깨운다. 그의 시들은 화석화된 크로노토프들을 깨우는 꽃의 언어이며 그것을 원심(遠心)의 방향으로 터뜨리는 확장의 언어이다. 모든 사물과 기호는 멈추어 있는 것이 아니라 움직이고 있으며 변화하고 있다. 이런 점에서 문학이 확정된 의미(meaning)가 아니라 '의미화과정(signification)'을 전달하는 언어라는 롤랑 바르트(R. Barthes)의 전언은 그대로 정복선의 세계관에 적용된다.

앞에서도 언급했듯이 "운동이야말로 실재 자체"라는 베르그송의 말을 따르면 모든 현재는 아직까지 존재하지 않았던 실재, 즉 가장 새로운 실재가 되어야 한다. 이런 점에서 정복선은 자신의 시가 크로노토프의 철로에서 늘 '마지막' 정거장이기를 원한다.

외동딸을 붓꽃보다 사랑한 아버지

아버지를 붓꽃으로 사랑한 딸

사는 동안 넉넉한 연못을 만들더니
떠나기 전에 한가득 물을 채웠다

자줏빛 꿈으로
한 오백년 깊이 잠들리

누군가 이 못을 흔들어 깨우면
방금 피는 꽃잎처럼 눈을 뜨리

왜, 그녀는 긴 얼굴에
붓꽃 모자를 쓰는지

—「어떤 시인의 초상」 전문

"한 오백년"이 크로노토프의 긴 여정이라면 그는 이 여행에서 항상 "방금 피는 꽃잎"이기를 원한다. 그는 변화의 끝에서 항상 처음의 상태에 있기를 간구한다.

당신은 내 머리에 초록 잎사귀를 꽂아주세요
나는 붉은 열매를 당신 재킷주머니에 꽂을게요
저 눈부신 첫눈의 아침을
우리가 나란히 손잡고 걸어가다니요

오랜 전생부터 꿈꿔온 이 삶,
얼마나 슬프고 아름다웠던지 이미 잊었지만
당신의 미소와 목소리로 모든 걸 알아챘답니다
거친 들판 찬비를 맞더라도
이제, 초록 잎 붉은 열매 총총한
한 그루 나무가 되기로 해요

—「빛나는 선물」 전문

늘 새로운 말로 그대에게 얘기하고 싶었어요
이미 해버린 말이라서 바랜 빛깔
너무 오래 고아서 아무런 맛도 아닌 말이 아닌지,
한 번도 만들어지지 않은 옷을 짓고 싶었어요
이 지상에 흩어져 있는 모든 것,
하루는 햇살로, 눈물로,
또 하루는 무너진 돌들을 불러 모아
낯선 그대에게 가장 잘 어울릴 집을 지었어요

이것이,
망설임과 머뭇거림의 제 마지막 문자입니다

—「감은사지 삼층석탑」 부분

"저 눈부신 첫눈의 아침"은 "오랜 전생"에서 이어져 마침내 도착한 현재이다. "늘 새로운 말", "한 번도 만들어지지 않은 옷"을 오랜 역사의 "감은사지 삼층석탑"에서 읽어내는 것을 보라. 그가 추구하는 새로움은 긴 시공간을 통과한 새로움이며, "마지막 문자"로서의 새로움이다. 이런 욕망이 설득력을 갖는 것은 그것이 자신의 욕망조차도 시공의 도정에서 낡은 것, 화석이 될 것임을 알기 때문이다. 모든 서사는 결국 "오랜 슬픔의 칠판"이 될 운명에 처해 있으나 그것에 사물들을 "시퍼렇게"(「북방긴수염고래가 시인에게—반구대 암각화」) 새기는 것은 시인의 언어이다. 그는 지금도 "세상에서 한 번도 보지 못한 새로운 그림문자"(「무언가(無言歌)」)를 그리길 원한다. 어떻게 그것을 그릴 것인가.

젊은 절망의 책갈피에서 늙은 희망이 숨죽인다

떠남이 곧 지루한 순례인 사람과
머묾이 곧 이슬비인 사람이

찻잔에 발효시킨 새를 키우거나
붉디붉은 꽃잎의 돛을 띄우는 사이

들어오는 문은 하나,
나갈 문은 언제나 첩첩산중(疊疊山中)이다

—「북카페, 북스피리언스」 전문

그가 꿈꾸는 것은 오랜 크로노토프를 거쳐 온 희망, 즉 "늙은 희망"이고 시간의 "발효"를 거친 희망이다. 그곳에 "들어오는 문은 하나"였으나, "나갈 문은 언제나 첩첩산중(疊疊山中)"이다. 이 시집은 그 문들 중의 하나이다. 그는 "전생과 후생의 모든 집"(「트라우마」)에서 길을 찾고 있다.

이 도서의 국립중앙도서관 출판시도서목록(CIP)은 서지정보유통지원시스템 홈페이지(http://seoji.nl.go.kr)와 국가자료공동목록시스템(http://www.nl.go.kr/kolisnet)에서 이용하실 수 있습니다.(CIP제어번호: CIP2018002727)

시인동네 시인선 087

종이비행기가 내게 날아든다면

ⓒ정복선

초판 1쇄 인쇄 2018년 1월 29일
초판 1쇄 발행 2018년 2월 5일
지은이 정복선
펴낸이 고영
책임편집 서윤후
디자인 헤이존
펴낸곳 문학의전당
출판등록 제2017-000002호
주소 서울시 마포구 마포대로 11길 91, 3층
전화 02-852-1977 팩스 02-852-1978
전자우편 sbpoem@naver.com

ISBN 979-11-5896-357-6 03810